W0072140

MiNiLibri

QUILTEN

Geschichte, praktische Tips,
Stile und Designs

arsEdition

A Running Press Miniature Edition™

© der Originalausgabe: 1994 licensed by
Running Press Book Publishers, 125 S.
22nd Street, Philadelphia, Pennsylvania
19103 USA

© dieser Ausgabe: 1997 arsEdition,
München
Alle Rechte vorbehalten

Deutsche Textfassung: Claudia Daiber
Gestaltung: Nancy Loggins
Die Fotografien wurden von
America Hurrah Antiques, New York,
zur Verfügung gestellt und
von Elizabeth Broadrup ausgewählt.

Printed in China

ISBN 3-7607-3062-0

INHALT

WAS IST EIN
QUILT?

Zum einzigen Besitz, den Mahailey mitbrachte, als sie zu den Wheelers kam, gehörten ein Federbett und drei Quilts, die mit der Wolle von Schafen aus Virginia gefüllt waren, die von Hand gewaschen und kardätscht worden war. Die Quilts hatte ihre alte Mutter genäht und ihr als Aussteuer mitgegeben ... einer davon war in dem berühmten Log-Cabin-Muster gemacht, den anderen

schmückten Ranken von Lorbeer-
blättern, und der dritte zeigte das
Motiv des aufgehenden Sterns.
Mahailey fand, daß dieser Quilt
zu gut war, um ihn zu benutzen,
und sie sagte Frau Wheeler, daß
sie ihn aufheben und Mr. Claude
geben werde, wenn er heiratet.

WILLA CATHER
ONE OF OURS

Etwas salopp gesprochen könnte man einen Quilt als »Stoffsandwich« bezeichnen; Quilts bestehen nämlich in der Regel aus drei Lagen: einem Oberstoff, einem Unterstoff und einer wärmenden Zwischenschicht.

Der Oberstoff kann aus einer einzelnen, einfarbigen Stoffbahn gefertig oder aus mehreren Stoffteilen, einem Patchwork, zusammengesetzt sein. Und es gibt Quilts – einfache und Patchworkquilts –, deren Oberfläche durch aufwendige Applikationen geschmückt ist. Die Unterseite, das »Futter«, besteht meist aus einem einfachen, einfarbigen Stoff, die Füllung bei alten Quilts aus Stoff- und Wollresten, bei neueren Modellen aus Quiltwatte. Diese drei Lagen werden durch kunstvolle Steppmuster miteinander verbunden, damit die Füllung nicht verrutschen kann. Dadurch entsteht ein zusätzlicher schmückender, plastischer Effekt. Je dichter die Stepplinien ausgeführt werden, desto fester und stabiler ist ein Quilt.

Die Technik des Quiltens ist beinahe so alt wie die Geschichte der Menschheit. Allerdings gibt es wenige »greifbare« Beweise, denn textiles Material wird mit den Jahren durch vielerlei Einflüsse zerstört: Motten, Feuer, Wasser und natürliche Verrottung fordern ihre Opfer. Dennoch ist sicher, daß Stepparbeiten schon vor mindestens zweitausend Jahren bekannt waren und praktisch überall auf der Welt hergestellt wurden: Malereien, Bilder und schriftliche Hinweise belegen dies. In ägyptischen

Gräbern wurden gequiltete Dekken gefunden, und auf mittelalterlichen Darstellungen kann man die gesteppten »Panzerhemden« der Soldaten erkennen.

Gesteppte Decken oder Kleidungsstücke hatten also zunächst offensichtlich eher eine praktische als eine schmückende Funktion: Sie dienten dem Schutz vor Kälte und Verletzung. Mit der Entwick-

lung industriell gefertigter Stepp-
stoffe, die praktisch für jedermann
erschwinglich waren, geriet die
Technik des Quiltens in Europa
mehr und mehr in Vergessenheit.

Rechts: Windmill Log Cabin (Windmühle und
Blockhüttenmuster). Patchworkquilt aus Wolle,
mennonitisch; Pennsylvania 1875-1885.
Detail S. 103.

Nächste Seite: Le Moyne Star variation (Achtzackiger Stern, Variation). Patchworkquilt aus
Baumwolle, mennonitisch; Pennsylvania um
1900.

verdiente! Welch ein Gefühl von Freude, Unabhängigkeit und Selbstvertrauen hatte ich dabei!

ANONYME FABRIKARBEITERIN, LOWELL,
MASSACHUSETTS, 1840-1845
THE LOWELL OFFERING

Links: Log Cabin (Blockhüttenmuster). Patchworkquilt aus Wolle; Pennsylvania 1865-1875.

verdiente! Welch ein Gefühl von Freude, Unabhängigkeit und Selbstvertrauen hatte ich dabei!

ANONYME FABRIKARBEITERIN, LOWELL,
MASSACHUSETTS, 1840-1845
THE LOWELL OFFERING

Links: Log Cabin (Blockhüttenmuster). Patchworkquilt aus Wolle; Pennsylvania 1865-1875.

verdiente! Welch ein Gefühl von Freude, Unabhängigkeit und Selbstvertrauen hatte ich dabei!

ANONYME FABRIKARBEITERIN, LOWELL,
MASSACHUSETTS, 1840-1845
THE LOWELL OFFERING

Links: Log Cabin (Blockhüttenmuster). Patchworkquilt aus Wolle; Pennsylvania 1865-1875.

*I*n den Blockhütten der Pinienwälder, auf den Farmen der Steppen, in den viktorianischen Salons der Städte und Dörfer an der Ostküste, allein oder in der Gemeinschaft: Frauen nähten in die Quilts die Geschichte ihres Landes und verewigten ihren Lebensstil ... die Frauen fuhren fort zu quilten und

Links: Applizierter Baum mit Vögeln, umrankt von Weinblättern. Applikationsquilt aus Baumwolle; 1885-1895.

*ihre Kinder in dieser Kunst zu unter-
richten, indem sie in ihren Arbeiten
sowohl den Nutzen wie auch die
Freude am Gestalten vereinten, was
vielleicht das beständigste Vermächt-
nis der Quiltkunst in Amerika ist.*

SANDI FOX
QUILT CURATOR, LOS ANGELES COUNTY
MUSEUM OF ART

Vor allem in Amerika hat sich die Tradition des Quiltens erhalten. Die Siedlerfamilien des »neuen Kontinents« mußten sparsam leben und waren deshalb sorgsam darauf bedacht, Stoffreste und abgetragene Kleidungsstücke sinnvoll zu verwerten. Zunächst setzten sie verschiedene rechteckige Stoffreste willkürlich zusammen, füllten die Quilts mit Stroh oder leeren

Maishülsen und verbanden die einzelnen Schichten wie beim Polstern mit Knoten: Sie führten einen dicken Faden durch die drei Lagen und verknoteten ihn auf Vorder- und Rückseite. So entstanden die ersten Patchworkquilts, sogenannte Crazy-Quilts. Diese Quilts hatten meist keine lange

Links: Grandmother's Fan (Großmutters Fächer). Patchworkquilt mit Stickerei aus Seide; um 1890. Detail S. 69.

Lebensdauer, denn die Kombination unterschiedlicher Stoffe und das spärliche »Quilten« mit Knoten ließ sie früh verschleißen, und sie mußten ständig ausgebessert und geflickt werden.

Später, als mehr Stoffe zur Verfügung standen, setzten die Siedlerfrauen verschiedene, oft kleinste

Rechts: Prairie Stars (Sternmuster). Patchworkquilt aus Baumwolle mit gezackter Bordüre; um 1845.

Stoffteile zusammen und verwendeten ihren ganzen Ehrgeiz auf die harmonische Kombination der Farben und die filigrane Kunst des Steppens: Es entstanden Patchworkquilts von bestechender Schlichtheit, Schönheit und Aussagekraft.

Immer ausgefeilter und anspruchsvoller wurden die Designs, immer feiner die Stepparbeiten dieser Quilts, die häufig aus einzelnen Blöcken hergestellt wurden.

Diese Technik hat ihren Ursprung im durchorganisierten Alltag des Siedlerdaseins: Die größte Tugend der Frauen war ihre Sparsamkeit und die ökonomische Einteilung der Arbeit. Immer trugen sie deshalb kleine Beutel mit Stoffresten bei sich, und wann immer sie eine freie Minute hatten,

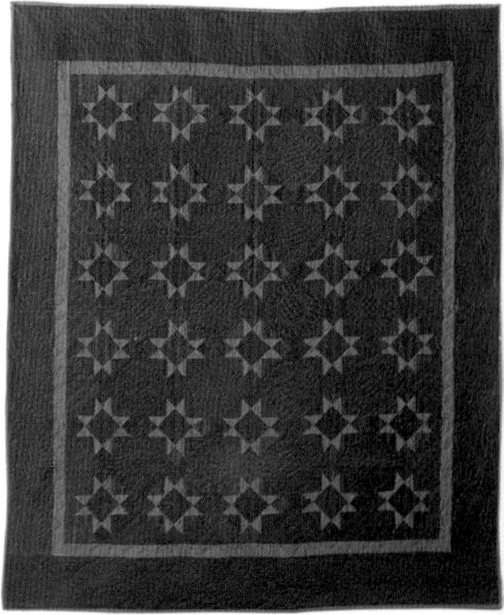

nähten sie die Reste zu überschaubaren, handlichen Blöcken zusammen. Die fertigen Blöcke wurden gesammelt und zu harmonischen geometrischen Mustern zusammengefügt. Gequiltet wurde vor allem in der kalten Jahreszeit, wenn auf den Feldern und um das Haus keine Arbeiten zu erledigen waren.

Links: Eight-Pointed Star (Achtzackiger Stern). Patchworkquilt aus Baumwolle, Amish; Holmes County, Ohio um 1925.

QUILTING BEES

Manch einer mag sich von Zeit zu Zeit fragen, ob in unserem Dorf der Bedarf an Quilts jemals gedeckt sein wird. Nach einer betriebsamen Woche voller Quilting Bees denkt man: »Nun muß jede Hausfrau am Ort gut ausgestattet sein; es muß für mindestens sechs Monate keine Veranlassung geben, einen Quilt zu machen.« Doch am nächsten

Morgen klopft ein niedliches kleines Mädchen mit gelocktem Haar und einer sauberen Schürze an die Tür und wiederholt ihre gut einstudierten Worte: »Mutter schickt herzliche Grüße und würde sich freuen, wenn Sie heute nachmittag zu ihrer Quilting Bee kämen.«

MARY E. WILKINS FREEMAN
A QUILTING BEE IN OUR VILLAGE

Quilten wurde zum Broterwerb und zum gesellschaftlichen Ereignis: Befreundete Frauen trafen sich zu sogenannten Quilting-Bees, die auch heute noch in ganz Amerika Tradition haben. Bei diesen Zusammenkünften arbeiteten die Frauen gemeinsam an Quilts, die sie zu vielen Gelegenheiten ver-

Vorhergehende Seite: Four Patch (Vier Flicken). Patchworkquilt aus Wolle von Barbara Chupp, Amish; Oklahoma um 1920

schenkten: zur Geburt eines Babys, als Hochzeitsgeschenk oder zur Erinnerung für einen Freund oder eine Freundin, wenn er oder sie in eine andere Stadt oder Gemeinde zog.

Keine Wiege war ohne einen
entsprechenden Quilt denkbar.
Da die Decken sehr klein waren,
bestanden sie meist nur aus einem
einteiligen, einfarbigen Oberstoff.
Der ganze Reiz dieser winzigen
Quilts lag in der kunstvollen Gestaltung und präzisen Ausführung
der Stepplinien.

Rechts: Broken Star (Gebrochener Stern).
Patchworkquilt aus Baumwolle, mennonitisch;
Pennsylvania um 1890.

Obwohl Quilts in jede Aussteuer gehörten und die Mädchen bereits früh mit ihrer Herstellung begannen, durften sie an ihrem Hochzeitsquilt keinen einzigen Stich tun, denn dies würde, so der Glaube, Unglück bringen. Er wurde von den Freundinnen der Braut gemeinsam genäht. Sie begannen mit der Arbeit, sobald die Verlobung bekannt gegeben wurde.

Auf, an euren Quilt, Mädchen,
   zögert nicht.
Quiltet schnell, wenn ihr heiraten
   wollt.
Ein Mädchen, das mit einund-
   zwanzig noch keinen Quilt besitzt,
wird niemals den Tag seiner Hoch-
   zeit erleben.

TRADITIONELLER VERS

ALBUM-QUILTS

Album-Quilts waren einem Freund gewidmet. Jeder Block wurde von einer anderen Person hergestellt und häufig mit Applikationen verziert. So reihten sich unterschiedliche Motive wie ein bunter Bilderbogen aneinander.

Links: Log Cabin (Blockhüttenmuster). Patchworkquilt aus Wolle, mennonitisch; Pennsylvania um 1885.

Album Quilts ... wurden besonders geschätzt, vor allem, wenn sie von den Frauen einer Gemeinde als Geschenk für die Frau des Ministers gemacht wurden. Jede Frau nähte einen Block und stickte ihren Namen in die Mitte, dann wurden die Blöcke zusammengesetzt und eine große Quilting Bee im Haus des Ministers gegeben. Es war eigentlich genauso wie bei anderen Quilting

Bees, außer daß die Gesprächs-
themen eher in eine religiöse Rich-
tung gingen und alte und neue
Doktrinen, die Erbsünde und sünd-
haftes Verhalten häufiger diskutiert
wurden, besonders nach dem Ein-
treffen der Männer zum Abendes-
sen, welches das angemessene Ende
einer solchen Veranstaltung war.

C. A. HALL UND R. G. KRETSINGER,
THE ROMANCE OF THE PATCHWORK QUILT

FREUNDSCHAFTS-QUILTS

Ein Freundschafts-Quilt besteht aus gleich großen Blöcken, die meist dasselbe Muster haben; es kann eine Patchwork- oder eine Applikationsarbeit sein. Das Material für einen Freundschafts-

Quilt stammt zwar von mehreren Personen, nämlich von den Freundinnen der Näherin, der Quilt wird aber nur von einer Person genäht.

Von einer Freundschafts-Melodie spricht man dagegen, wenn die Blöcke unterschiedliche Muster zeigen, die auch von verschiedenen Personen angefertigt und zusammengenäht werden.

Wenn er als Abschiedsgeschenk
überreicht wurde, diente ein Quilt,
auf dem alle Einwohner einer Stadt
verzeichnet waren, als Adreßbuch
des neunzehnten Jahrhunderts. Mit
ihrem Freundschafts-Quilt nahm
eine Frau alle Informationen mit, die
sie benötigte, um Freunden oder Ver-
wandten nach Hause zu schreiben.

Rechts: Concentric Overall Compass.
Applikationsquilt aus Baumwolle; Pennsylvania
um 1865. Detail S. 5.

Ein Quilt war sogar besser als ein Adreßbuch, denn er war groß und konnte nur schwer verlegt werden. Und die Beschenkte konnte mit ihrem Freundschafts-Quilt ihre sparsam möblierte Blockhütte dekorieren oder ihn auf der Wiese unter einem Unterstand ausbreiten.

LINDA OTTO LIPSETT
REMEMBER ME

FREIHEITS- UND MEMORY-QUILTS

Aus den Album-Quilts entwickelte sich die Tradition der Freiheits-Quilts, die anläßlich des einundzwanzigsten Geburtstages eines jungen Mannes, dem Tag seiner Volljährigkeit, von jungen Mädchen genäht wurden. Sie verwendeten dafür Stoffreste ihrer schönsten Kleider, denn der Quilt sollte einmal die Aussteuer der zukünftigen Ehefrau ergänzen.

Selbst anläßlich einer Beerdigung wurde ein Quilt genäht, ein Memory-Quilt, der zur Erinnerung an den Verstorbenen aus dessen Kleidern zusammengesetzt wurde. So konnte das Gedenken an ihn über viele Jahrzehnte lebendig bleiben.

Patchwork? Oh nein! Es ist Erinnerung, Vorstellung, Geschichte,
Biographie, Freude, Sorgen, Philo-
sophie, Religion, Romantik, Realis-
mus, Leben, Liebe und Tod; und
über allem, wie ein Schein, die Liebe
des Künstlers für seine Arbeit und
das Bestreben der Seele nach irdi-
scher Unsterblichkeit.

ELIZA CALVERT HALL
AUNT JANE OF KENTUCKY

QUILTING –
DIE KUNST
DER SIEDLER

Wie viele Ereignisse meines Lebens sind in diesem Patchwork-Quilt zusammengefaßt ... hier ist ein Stück von diesem bunt gestreiften Baumwollkleid, das ich während meiner Tanzstundenzeit trug ... Bei diesem Fleckchen erinnere ich mich an das Kleid, in dem ich wirklich engelhaft auszusehen hoffte ... Hier ist ein Stück des ersten Kleides, das ich mir mit meiner Hände Arbeit

Wie viele Ereignisse meines Lebens
sind in diesem Patchwork-Quilt zusammengefaßt ... hier ist ein Stück
von diesem bunt gestreiften Baumwollkleid, das ich während meiner
Tanzstundenzeit trug ... Bei diesem
Fleckchen erinnere ich mich an das
Kleid, in dem ich wirklich engelhaft
auszusehen hoffte ... Hier ist ein
Stück des ersten Kleides, das
ich mir mit meiner Hände Arbeit

Wie viele Ereignisse meines Lebens
sind in diesem Patchwork-Quilt zusammengefaßt ... hier ist ein Stück
von diesem bunt gestreiften Baumwollkleid, das ich während meiner
Tanzstundenzeit trug ... Bei diesem
Fleckchen erinnere ich mich an das
Kleid, in dem ich wirklich engelhaft
auszusehen hoffte ... Hier ist ein
Stück des ersten Kleides, das
ich mir mit meiner Hände Arbeit

Wie viele Ereignisse meines Lebens sind in diesem Patchwork-Quilt zusammengefaßt ... hier ist ein Stück von diesem bunt gestreiften Baumwollkleid, das ich während meiner Tanzstundenzeit trug ... Bei diesem Fleckchen erinnere ich mich an das Kleid, in dem ich wirklich engelhaft auszusehen hoffte ... Hier ist ein Stück des ersten Kleides, das ich mir mit meiner Hände Arbeit

*So vergingen die Tage in freund-
lichem Gespräch, während sie quil-
teten, erzählten und lachten ...*

HARRIET BEECHER STOWE
THE MINISTER'S WOOING

Links: Albumquilt. Applikationsquilt aus
Baumwolle; New York. Detail S. 50.

Das Steppmuster wurde aufgezeichnet: Es waren lauter Eichenblätter. Und bald bewegten sich die flinken Finger der ganzen Gesellschaft, jung und alt, über den Quilt, und sie unterhielten sich angeregt.

MOTIVE, STILE UND DESIGNS

Der Quilt ... wurde »Sunshine and Shadow« genannt. Er befand sich auf seinem Bett, solange er denken konnte, aber er hatte den Namen des Quilt-Musters erst kürzlich erfahren, als Quilts auch in der Stadt Mode wurden. Es war ein Quilt, den seine Großmutter begonnen und seine Mutter und seine Tante fertig-

Vorhergehende Seite: Sunshine and Shadow (Sonne und Schatten). Patchworkquilt, Amish.

*gestellt hatten. Er selbst hatte daran
gearbeitet, als er noch ein Kind war:
Quadrate verschiedener Größe – ab-
wechselnd hell und dunkel –, ein rau-
tenförmiges Muster, das sich strah-
lenförmig von dem kleinsten grauen
Quadrat in der Mitte ausbreitete.*

ANN BEATTIE
SUNSHINE AND SHADOW

Die Tradition des Quiltens wurde in Amerika in einigen Regionen und Volksgruppen besonders gepflegt und weiterentwickelt. Den Amish und den Pennsylvania Dutch kommt hierbei eine herausragende Bedeutung zu.

Die Amish people sind Angehörige einer Sekte, die wegen religiöser Verfolgung aus der Schweiz, dem Elsaß und Süddeutschland

nach Amerika emigrierten. Auch
heute noch leben sie in Gemein-
schaften von mehreren Familien
zusammen und entsagen jeglichem
Fortschritt. Ihre Häuser sind be-
scheiden eingerichtet, ihre Klei-
dung schlicht und zweckmäßig.

Es gibt weder Elektrizität noch Autos, Schmuck und Zierat jeglicher Art sind verpönt.

Die Männer kümmern sich um die Landwirtschaft, die Frauen erziehen die Kinder, pflegen das Haus und den Garten. Fast alles, was sie zum Leben brauchen, können sie selbst herstellen.

Vorhergehende Seite: Log Cabin (Blockhüttenmuster). Patchworkquilt aus Wolle; Pennsylvania um 1865.

Wie ihre Lebensphilosophie, so sind auch ihre Quilts: schlicht in Form und Farbe, ohne überflüssigen Schmuck. Die Amish verwenden dafür einfarbige Stoffe in den verschiedensten Tönen, die sie auch für ihre Kleider benutzen. Die Farbpalette umfaßt Grau, Schwarz, Blau, Grün und Rot – meist in gedämpften Tönen. Grelle, leuchtende Farben wie Orange oder

Gelb sind selten, sie werden nur von den Amish im mittleren Westen benutzt.

Muster und Motive sind von der Natur inspiriert: Licht und Schatten (Sunshine and Shadow) werden herausgearbeitet, die Furchen der Äcker »abgebildet« (Bars quilt), Blumen oder Vögel in stilisierter Form nachempfunden. Weitere Merkmale eines Amish-Quilts sind die feine Stepparbeit, bei der die Frauen ihre ganze Freude an phantasievollen Formen entfalten können, und die Rahmenteile, die immer stumpf an das Mittelteil angenäht werden.

Vor allem die alten Quilts der Amish sind unter Sammlern sehr begehrt, denn sie sind einmalig in ihrer schlichten künstlerischen Komposition.

Die Technik des Steppens wurde durch strenge Instruktionen perfektioniert, dies galt auch für die Unterrichtung in der Wahl der Farben und des Designs. Die Kunst wurde von Frauen kontrolliert und weitergegeben, normalerweise von Großmutter, Mutter oder Tante. Die Inhalte der

Links: Crazy Quilt mit vier Rändern. Patchworkquilt aus Wolle, mennonitisch; Pennsylvania um 1885. Detail S. 109.

Erziehung waren oft verbunden mit der Konstruktion eines Quilts: frühe und liebevolle Unterweisung in Tradition, Disziplin, Planung und Vollendung einer Aufgabe und moralischer Stärke. Quilten war eine Tugend.

PATRICIA COOPER UND NORMA B. BUFERD
THE QUILTERS: WOMEN AND DOMESTIC ART – AN ORAL HISTORY

Die Pennsylvania Dutch sind Siedler deutschen und osteuropäischen Ursprungs. Ihre Quilts zeichnen sich – wie die der Amish – durch die sorgfältig ausgeführten, feinen Steppmuster aus.

Für die Gestaltung ihrer Motive verwenden die Pennsylvania Dutch vor allem rote, gelbe, schwarze und weiße Stoffe. Eines ihrer bekanntesten Motive ist die stilisierte Tulpe: Sie gilt als Variation der Lilie und Symbol der Dreieinigkeit Gottes.

Aber auch üppige Blumenapplikationen und Tierdarstellungen gehören zu ihrem Motiv-Repertoire.

Rechts: Nine-Patch Star (Stern aus neun Flicken); um 1880.

Die einfachen Freuden des täglichen Lebens der Siedler und ihre enge Beziehung zur Natur spiegeln sich in ihren Quilt-Mustern wider. Urgroßmutter kannte keine Filme, keine Automobile, keine Flugzeuge, keine Radios; ist es da ein Wunder, daß sie alle ihre Freude in die Gestaltung der Quilts legte?

C. A. HALL UND R. G. KRETSINGER,
THE ROMANCE OF THE PATCHWORK QUILT

QUILT·DESIGN

Quilts können, wie bereits eingangs erwähnt, in den verschiedensten Designs gestaltet werden. Aus den tradierten Mustern und Motiven hat sich in unserer Zeit eine Quilt-Kunst herausgebildet, deren Zentrum sich wiederum in den USA befindet.

Als das Quilt-Muster größer wurde, dachte sie, es wäre so schön wie
die wilden Blumen, die im Wald und
entlang der Wegränder wuchsen.
Das Gelb ähnelte der Sonnenblume,
das Rot erinnerte an Löwenschwanz,
die weißen Stücke sahen aus wie
Wasserlilien und die verschiedenen

Grüntöne repräsentierten die Blätter aller Pflanzen und das ewige Grün der Tannen.

ANN PETRY
HARRIET TUBMAN, CONDUCTOR ON THE
UNDERGROUND RAILWAY

PATCHWORK AUS EINFACHEN GRUNDFORMEN

Die ältesten Quilts wurden aus nur
einer Grundform komponiert. Dies
konnte ein Quadrat, eine Raute,
ein Dreieck, ein Rechteck oder
ein Sechseck sein. Das Muster ent-
stand durch die Anordnung dieser

Links: North Carolina Lily (Lilienmuster).
Patchworkquilt aus Baumwolle; um 1865.
Detail S. 41.

einzelnen Teile und der sorgfälti-
gen Abstimmung der Farben. Es
ist erstaunlich, welche Effekte mit
diesen einfachen Formen allein
durch ihre Kombination erzielt
werden konnten. Auch die heuti-
gen Quilt-Künstler bedienen sich
noch dieser einfachen Designs
und entwickeln sie zur Perfektion.

Sie liebte den Patchwork-Quilt, der bei Nacht zum Vorschein kam, wenn die mit Fransen besetzte Bettdecke beiseite gelegt wurde. Niemand hat heutzutage noch die Geduld und das Sehvermögen, um ein solches Stern-von-Bethlehem-Muster zu realisieren. Arbeiten wie diese gehören einer anderen Zeit an.

ELLEN GLASGOW
VEIN OF IRON

PATCHWORK AUS BLÖCKEN

Viele Quilts werden aus vorgefertigten Blöcken hergestellt. Dies hat den Vorteil, daß die Näherin zunächst nur an kleinen, handlichen Stücken arbeitet. Die Quadrate haben meist eine Kantenlänge von 20 bis 40 Zentimetern. In vielen Fällen zeigen die Blöcke dasselbe Motiv, es kann symmetrisch oder asymmetrisch aufgebaut sein, aus kleinen Stoffteilen zusammengesetzt oder appliziert sein. Die Blöcke können in unterschiedlicher Weise zusammengefügt werden, wobei sich immer wieder ein anderer Eindruck ergibt: statisch oder bewegt, gleichmäßig oder lebhaft, harmonisch oder unruhig.

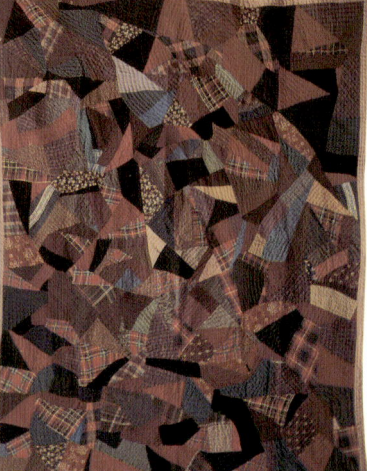

MEDAILLON-
QUILTS

Diese Quilts besitzen ein dominierendes zentrales Motiv, das den Blick des Betrachters auf sich zieht. Dieses Motiv kann – wie bei den Amish – ein großer Stern oder eine Raute sein. Die Amish-Frauen haben es wie niemand sonst

Links: Crazy-Quilt. Patchworkquilt aus Wolle; Pennsylvania 1885-1895.

verstanden, solche Quilts zu fertigen. Die Wirkung ihres Designs beruht auf einer genialen Reduzierung der Formen und dem bewußten Kontrast klarer Farben. Umrahmt wird das zentrale Motiv bei den Amish meist von einfachen, breiten Rändern, die nur durch ihre Farbe und die besonders feine Ausführung der Steppstiche wirken. Bei anderen Medaillon-Quilts

wird das Hauptmotiv von mehreren Rändern umgeben, die die
Funktion haben, es zu unterstützen
und plastisch hervorzuheben.

DER RAHMEN

Die meisten alten Quilts sind von
einem breiten oder mehreren
schmalen, angenähten Rändern
eingefaßt. Sie können aus einfar-

bigen Stoffstreifen bestehen oder ebenfalls ein Muster aufweisen, wobei sie meist einen Teil eines zentralen Motivs wiederholen.

Bei der Fertigstellung der Ränder mußte die Quilterin besondere Sorgfalt auf die Gestaltung der Ecken verwenden, damit das Muster harmonisch weiterlief.

Rechts: Album-Quilt. Patchworkquilt mit Applikation, signiert von Louisa Elizabeth Francesca Keller; 1865. Details S. 3, 84.

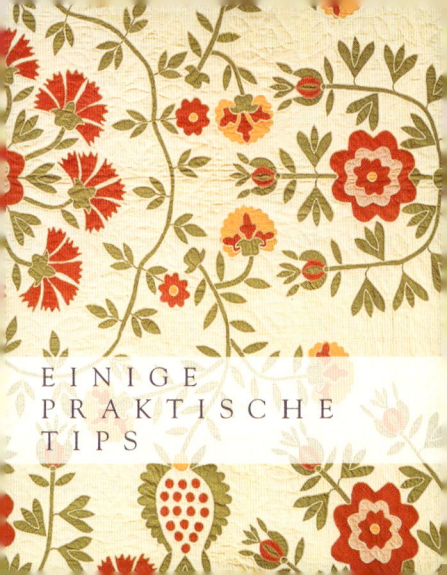

EINIGE
PRAKTISCHE
TIPS

EINEN QUILT SEL-
BER HERSTELLEN

Es würde den Rahmen dieses Büchleins sprengen, wenn ich Ihnen eine detaillierte Einführung in die Technik des Quiltens geben würde. Dafür gibt es zahlreiche und sehr instruktive Literatur vieler kompetenter Quilter und Quilterinnen.

Vorhergehende Seite: Compass. Applikationsquilt aus Baumwolle; um 1930.

Wenn Sie sich also dafür interessieren, empfehle ich Ihnen spezielle Technik-Bücher (siehe Literaturverzeichnis).

An dieser Stelle möchte ich nur kurz erwähnen, worauf Sie bei der Herstellung eines Quilts zu achten haben, und Ihnen einige praktische Tips für die Pflege und Aufbewahrung alter und neuer Quilts geben.

DIE PLANUNG

Wenn Sie selber einen Quilt
herstellen wollen, sollten Sie sich
zunächst einmal über Größe und
Zweck des Stückes Gedanken
machen: Muß der Quilt strapazier-
fähig sein oder dient er lediglich
zur Dekoration. Denn danach rich-
tet sich die Auswahl der Stoffe.
Ein Seidenquilt ist nicht so robust
wie ein Quilt aus fester Baumwolle

oder Wolle, und ein Quilt von der Größe eines Bettüberwurfs ist für einen Wandbehang meistens zu groß und zu schwer.

DER ENTWURF

Der nächste Schritt ist die Planung des Designs, denn nur, wenn Sie wissen, wie Ihr Quilt aussehen soll, können Sie auch den Stoffbedarf berechnen.

Beginnen Sie am besten mit einem Quilt in der Blocktechnik: Setzen Sie sich hin, nehmen Sie Millimeterpapier und Bleistift zur Hand, und skizzieren Sie Ihren

Entwurf. Zeichnen Sie maßstabsgetreu erst einen Block, und malen
Sie die einzelnen Motivteile mit
Buntstiften aus. Möglicherweise
müssen Sie mehrere Entwürfe machen, bis das Motiv steht.

Wenn der Block Ihnen gefällt, wiederholen Sie das Motiv so oft, bis Sie maßstabsgetreu die Größe Ihres Quilts erhalten. Schneiden Sie die Blöcke aus, und ordnen Sie sie so an, daß sich ein harmonischer Gesamteindruck ergibt.

Rechts: Star of Bethlehem (Stern von Bethlehem). Patchworkquilt aus Baumwolle; um 1890. Detail S. 111.

DIE STOFFE

Sobald Sie auch den Rahmen gestaltet haben, können Sie den Stoffverbrauch berechnen. Denken Sie daran, daß Sie Nahtzugaben brauchen, seien Sie also bei Ihren Berechnungen eher großzügig.

Wählen Sie in jedem Fall Stoffe von gleicher oder ähnlicher Qualität. Ein Quilt, der aus stark unterschiedlichen Materialien besteht,

hält nicht so lange wie ein Quilt
aus einheitlichen Geweben.

Waschen Sie die Stoffe einmal,
bevor Sie sie zusammennähen,
denn viele, vor allem dunkle Stoffe
färben bei der ersten Wäsche aus
und laufen ein.

DIE AUSFÜHRUNG

Jetzt können Sie an die Ausführung gehen: Stellen Sie aus fester Pappe Schablonen her, mit deren Hilfe Sie die Stoffe zuschneiden können.

Nähen Sie die einzelnen Teile entsprechend Ihrem Entwurf zusammen; gehen Sie dabei blockweise vor. Dann nähen Sie die fertigen Blöcke zusammen und be-

Amerika ist nicht *wie* ein Tuch –
ein Stück Stoff von *der*selben Farbe,
derselben Webart, der*sel*ben Größe.
Amerika ist mehr wie *ein* Quilt –
viele kleine Stücke, ver*sch*iedene Farben, unterschiedliche Gr*öß*en, die alle
von einem einzigen Faden zusammengehalten werden.

THE REV. JESSE JACKSON

festigen den Rand. Anschließend
werden Füllung und Unterstoff
zugeschnitten und alle drei Teile
zusammengenäht.

DAS QUILTEN

Nun beginnt die Quilt-Arbeit: Die Stepplinien können mit der Maschine oder von Hand ausgeführt werden. Wenn Sie von Hand quilten, brauchen Sie einen speziellen Quilt-Rahmen, in den Sie die Arbeit einspannen können.

Rechts: Double Nine-Patch (zweimal neun Flicken). Patchworkquilt aus Wolle, Amish; um 1920.

Beginnen Sie in der Mitte eines Quilts mit dem Steppen.

Wählen Sie anfangs nicht zu komplizierte Steppmuster; je dichter Sie die Stepplinien setzen, desto fester und stabiler wird Ihr Quilt.

Mädchen setzten viele Jahre lang Oberteile für Quilts zusammen, die sie in ihrer Aussteuertruhe aufbewahrten. Wenn ein Mädchen heiratete, konnte es eine stattliche Sammlung sein eigen nennen.

PATSY UND MYRON ORLOVSKY
QUILTS IN AMERICA

Links: House quilt (Haus-Quilt). Patchworkquilt mit Applikation; New York um 1880.

Ist der Quilt noch intakt, können Sie ihn von Zeit zu Zeit mit einem kleinen Handstaubsauger absaugen. Legen Sie zu diesem Zweck einen dünnen, locker gewebten Stoff über den Quilt, und gehen Sie vorsichtig mit dem Staubsauger über die gesamte Fläche.

Rechts: Streak O'Lightning. Patchworkquilt aus Baumwolle, mennonitisch; Pennsylvania um 1885.

Auf diese Weise können Sie auch einen neuen Quilt von losem Staub und Schmutz befreien, bevor Sie ihn waschen.

Einen neuen Quilt können Sie waschen, wenn Sie sicher sind, daß die einzelnen Stoffe nicht ausbluten und die verwendeten Materialien (auch die Füllung) gewaschen werden können. Haben Sie den Quilt nicht selbst hergestellt, können Sie die Farbechtheit folgendermaßen überprüfen: Feuchten Sie die einzelnen Stoffteile an, drücken Sie dann ein weißes Löschpapier oder ähnliches auf die feuchten Stellen. Bleibt keine Farbe haften, können Sie den Quilt selber waschen, andernfalls müssen Sie ihn reinigen lassen.

Waschen Sie Ihren Quilt von Hand. Geben Sie lauwarmes Was-

ser und wenig mildes Waschmittel in die Badewanne, und drücken Sie den Quilt darin vorsichtig aus. Lassen Sie das Wasser ab, und spülen Sie mehrmals mit klarem, lauwarmem Wasser nach. Heben Sie den Quilt nicht in tropfnassem Zustand aus der Badewanne, er könnte reißen. Drücken Sie ihn so

Links: Diamond in the Square (Raute in einem Quadrat). Patchworkquilt aus Wolle, Amish; Lancaster County, Pennsylvania um 1930.

gründlich wie möglich aus, bevor Sie ihn vorsichtig herausheben. Lassen Sie ihn liegend auf einem großen Handtuch oder einem Bettlaken trocknen – am besten an der frischen Luft, aber nicht direkt in der prallen Sonne.

AUFBEWAHRUNG

Dient Ihr Quilt dekorativen Zwecken, müssen Sie darauf achten, daß er weder direktem Sonnenlicht noch künstlichem Licht ausgesetzt ist, denn Licht bleicht die Farben aus. Können Sie Ihren Quilt weder aufhängen noch auslegen, müssen Sie ihn zum Aufbewahren zusammenfalten oder auf eine große Papprolle wickeln.

Bewahren Sie Ihren Quilt zusammengelegt in einer Schublade auf, müssen Sie ihn mehrmals im Jahr herausnehmen, auffalten und wieder anders zusammenfalten, sonst werden die Knickstellen mit der Zeit brüchig. Polstern Sie die Knickstellen des Quilts mit säurefreiem Seidenpapier, und legen Sie auch die Schublade, in der Sie ihn aufbewahren, damit aus.

Besser ist es, wenn Sie den Quilt auf eine große Rolle wickeln, die Sie vorher ebenfalls mit säurefreiem Seidenpapier umwickelt haben. Packen Sie die Rolle in ein sauberes Laken, und legen Sie das »Paket« in einen dicht schließenden Schrank.

Bewahren Sie einen Quilt niemals an einem feuchten Ort oder in einer Plastiktüte oder ähnlichem auf, sonst verrottet er mit der Zeit. Zum Schutz vor Motten können Sie Zedernholz oder ein Sträußchen Lavendel oder Zitronella in den Schrank legen.

LITERATUR-HINWEISE

Bach, Dörte. *Patchwork-Quilting leicht und schnell. Rationell zuschneiden, moderne Nähtechniken*. Augsburg: Augustus Verlag, 1995.

Chainey, Barbara. *Die Kunst des Quiltens. Geschichte, Techniken, Muster, Anleitungen*. Bern: Paul Haupt-Verlag, 1995.

Kahmann, Irene. *Patchwork und Quilten. Techniken und traditionelle Muster*. Hannover: Th. Schäfer Druckerei, 1994.

Kahmann, Irene u.a. *Patchwork und Quilt. Moderne Muster und Techniken*. Niederhausen: Falken Verlag, 1995.

Kohlhaußen, Friederike. *Patchwork. Von der Idee zum fertigen Quilt*. Wiesbaden: Englisch Verlag, 1996.

Landman, Anlee. *Quilten lernen. Step by step*. Rosenheim: Rosenheimer Verlagshaus, 1995.

Leone, Diana. *Das große Buch vom Quilten*. Rosenheim: Rosenheimer Verlagshaus, 1994.

Seward, Linda. *Das große Buch von Patchwork, Quilt und Applikation. Alle Techniken, Schritt für Schritt*. Hannover: Th. Schäfer Druckerei, 1994.

Staub-Wachsmuth, Brigitte. *Hobby Patchwork und Quilten*. Niedernhausen: Falken Verlag.

Walker, Michele. *Das Quiltbuch. Design, Modelle, Anleitungen*. Ravensburg: Otto Mair Verlag, 1994.

NACHWEIS
DER ZITATE

Beattie, Ann. »Sunshine and Shadow«
in *The Burning House*. New York: Random House, 1982. Zuerst veröffentlicht
in *The New Yorker*.

Cather, Willa. *One of Ours*. New York:
Random House, 1991.

Cooper, Patricia und Buferd, Norma
Bradley. *The Quilters: Women and Dome-
stic Art – an Oral History*. New York:
Doubleday, 1978.

Fox, Sandi. »Comments from the Quilt« in *Modern Maturity*, August/September, 1990.

Freeman, Mary E. Wilkins, »A Quilting Bee in Our Village» in *The People of Our Neighborhood*. Philadelphia: Curtis, 1898.

Glasgow, Ellen. *Vein of Iron*. New York: Harcourt Brace Jovanovich, 1967.

Hall, Carrie A. und Kretsinger, Rose G. *The Romance of the Patchwork Quilt*. New York: Dover, 1991.

Hall, Eliza Calvert. *Aunt Jane of Kentucky*, Boston: Little, Brown, 1907.

Jackson, Jesse. »The Fabric of a Nation« in *Modern Maturity*, June/July, 1992.

Lipsett , Linda Otto. *Remember Me: Women & Their Friendship Quilts*. San Francisco: The Quilt Digest Press. Copyright © 1985 Linda Otto Lipsett. Nachdruck mit freundlicher Genehmigung der Autorin.

Orlovsky, Patsy und Myron. *Quilts in America*. New York: McGraw Hill, 1974.

Petry, Ann. *Harriet Tubman, Conductor on the Underground Railway*. New York: Harper Collins, 1955.

Stowe, Harriet Beecher. *The Minister's Wooing*, 1859.

AUSSTELLUNGEN
UND MUSEEN

Badisches Landesmuseum
Schloßplatz

76131 Karlsruhe

Textilmuseum Max Berg
Brahmsstr. 8

69118 Heidelberg-Ziegelhausen

Textilmuseum Krefeld
Andreas-Markt 8

47809 Krefeld